LA

PETITE GUERRE

PARIS

IMPRIMERIE BALITOUT, QUESTROY ET Ce

Rue Baillif, 7 et rue de Valois, 18.

ÉDOUARD LOCKROY

LA

PETITE GUERRE

—

PREMIÈRE PARTIE

—

LE SÉNATUS-CONSULTE

———

PARIS

A LA GRANDE LIBRAIRIE

52, rue Lafayette.

—

1869

EXPLICATION

Nous donnons aujourd'hui la première partie d'un volume qui sera : « *l'Histoire politique et fantaisiste de l'année.* »

Cette première partie a pour titre : *Le Sénatus-Consulte.*

Elle sera suivie d'une seconde partie, d'une troisième, et d'une quatriéme. Ces quatre parties composeront le livre. Si, maintenant, le livre ne paraît contenir qu'un mauvais vaudeville du Palais-Royal, ce ne sera certes pas ma faute. Les personnages qui nous gouvernent n'ont jamais pu atteindre le « hautcomique. »

E. L.

1.

LA

PETITE GUERRE

---

13 JUILLET

—

Lettre de l'empereur à M. Rouher. — Apparition de l'empire libéral. — La France es inquiète. La France attend une lettre ; elle espère que le chef de l'État va écrire à M. Rouher. C'est par lettre aujourd'hui que se traitent toutes les affaires. Nous avons joui du régime parlementaire ; maintenant, nous avons le régime épistolaire. La petite poste règne et ne gouverne pas.

C'est la gloire et la joie de notre gouvernement. Il a la manie d'écrire des lettres, comme Mme de Sévigné. Et, au style près, il ressemble étonnamment à la célèbre marquise. C'est la même abondance et la même prétention. M. Rouher remplace Mme de Grignan. J'ajoute qu'il ne la fait pas oublier.

Nous en sommes là que les destinées d'une grande nation, les destinées de trente-six millions d'hommes, dépendent de ce qui va sortir de l'encrier impérial. Mais que contient cet encrier? De l'encre verte, bleue ou rouge? Qu'y a versé, ce matin, le domestique qu'on charge de le remplir? S'il y avait mis de l'encre de la petite vertu! La France suit des yeux le chef de l'État. Elle étudie tous ses gestes. Le voilà qui demande une enveloppe. Le voilà qui réclame des pains à cacheter. Il essaie une plume de fer. La France s'émeut et tremble.

— Mon Dieu! dit-elle, va-t-il se servir d'une plume d'oie?

Une lettre! une lettre! Le peuple veut une lettre. Il lui faut une lettre pour panser ses blessures. Il supplie, il appelle, il gémit. Il passe tous les matins rue Jean-Jacques-Rousseau, et il demande aux employés de M. Vandal :

— Est-ce que vous n'avez rien pour moi?

C'est dans ces moments de crise que nous admirons le gouvernement personnel. Le ciel est sombre; sombre aussi le terrain où nous sommes contraints de marcher. L'horizon noir a la forme d'un cul-de-sac. Nous cherchons de tous côtés la lumière, et la lumière ne luit nulle part. Que devenir? Les astres se cachent derrière des nuées impénétrables. Et l'obscurité est telle qu'on ne distingue plus Belmontet de Stéphen Liégeard, et Genteur d'un homme de talent.

Tout à coup une forme blanche se dessine au loin. O miracle! C'est un ange qui descend des cieux, la flamme au front, les cheveux épars, les ailes déployées. Sa main gauche tient un flambeau; sa main droite tient une épée. Il vient rendre le courage et l'espoir au genre humain.

Messager céleste, être immatériel et indéfinissable, qui donc es-tu?

Es-tu le génie de la France? Es-tu le Séraphin qui veille sur les destinées de la famille Bonaparte? Est-ce toi qui as fait marcher Napoléon Ier sur Moscou, Napoléon III sur Mexico, et Napoléon IV sur son vélocipède? Qui donc es-tu?

L'ange s'approche et nous le voyons mieux. Un chapeau noir couronne sa tête. Les basques d'un habit bleu pendent le long de ses jambes; une plaque brille sur sa poitrine, et son ventre est orné d'une boîte. Il grandit encore. Il éclipse Rouher et il éclipse Persigny. Il remplit le ciel entier de son rayonnement. Son pied touche la terre et il dit :

— Je suis le facteur !

15 JUILLET

—

Lettre de l'Empereur au Corps législatif qui annonce la prorogation.—Il n'est pas un de nos lecteurs qui n'ait reçu dans sa vie des lettres de femmes. Les quatre feuillets sont ordinairement remplis de gentillesses, d'amabilités et de protestations d'amour. Au bas se trouve la signature et, plus bas que la signature, il n'est point rare de voir ce *post-scriptum :* « Envoyez-moi donc cinq cents francs. »

C'est ici que le destinataire fait la grimace.

Je ne sais si je me trompe, mais il me semble que le Message reçu par le Corps législatif a quelque analogie avec ces sortes de lettres. Le Corps législatif attendait avec une impatience fébrile un mot de sa bien-aimée l'Initiative impériale. Son cœur battait; son pouls marquait quatre-vingt-quinze pulsations à la minute. Le poulet attendu arrive enfin. Il contient quatre pages de tendresses. C'est charmant. On s'attendrit tout en songeant, à part soi, que la femme aimée est singulièrement avare de ses faveurs. Mais le lendemain, le *Journal officiel* publie le post-scriptum. Et ce post-scriptum dit au Corps législatif :

— Allez vous promener — pendant quelques jours.

« Envoyez-moi donc cinq cents francs. » C'est à peu près le même style, et c'est tout à fait la même pensée.

Il faut avouer que, comme amoureux, le Corps législatif n'a pas de bonheur. Sa belle ne lui accorde jamais grand'chose. Il me fait l'effet de ces jeunes Espagnols qui passent leurs nuits à soupirer sous une fenêtre, et il y a des moments où l'envie me prend de lui acheter une guitare.

Ce n'est pas un platonique, cependant. Il aime et il est brûlé de désirs. Il rêve la responsabilité ministérielle, la dernière faveur, ce qu'un amant peut obtenir de plus doux! Il soupire et il implore. Mais sa maîtresse fait la coquette. Elle minaude.

— Non, monsieur!... vous nommerez votre bureau, voilà tout!.

— Tu ne m'aimes donc pas?

— Si! je t'aime!... mais vous ne ferez que voter le budget par chapitres! Allez-vous-en!... Finissez!

Le Corps législatif se retire, désappointé, mais toujours amoureux, et, selon l'habitude des amants passés et présents, il s'enferme pour composer un sonnet, où il se plaint de sa maîtresse.

Et moi, je luis dis : Courage!... Aime!... Adore!... Il n'y a de vrai en ce monde que l'amour, et l'amour vrai trouve toujours sa récompense Aime!... Cela est si doux d'aimer. Tu n'as qu'une lettre de ta maîtresse, aujourd'hui. Remercie-la d'avoir songé à toi; baise ces feuilles bénies, où elle a épanché son cœur; ces feuilles pleines de sa pensée et imprégnées de son parfum! Aime! tu es jeune!... Aime, c'est le bonheur! Rêve le triomphe; rêve le paradis, rêve la responsabilité ministérielle!... Demande encore; supplie, jette-toi à genoux. La prochaine fois tu obtiendras peut-être une mèche de cheveux!

18 JUILLET

—

Projets de changements de ministres.
— Nous avons été toute la semaine dans un fameux pétrin. Nous y sommes encore. Que de cancans ! que de « on-dit ! » que de *racontars !* On proroge le Corps législatif. On ne le proroge pas. On le reproroge. On ne le reproroge plus. Le gouvernement avait l'air de jouer un proverbe en plusieurs actes et en prose dont voici le titre :

« Il faut qu'un Corps législatif soit ouvert ou fermé. »

Mais si on l'a fermé, pourquoi le rouvrir ? Et si on le rouvre, pourquoi diable l'avoir fermé ? Questions profondes ! Le gouvernement me fait l'effet d'un sphinx qui ne saurait pas lui-même le mot de son énigme. Si on le forçait à se deviner, il donnerait sûrement sa « langue au chat. »

Et le changement de ministère? Voilà encore de quoi nous troubler! Les ministres se succèdent de minute en minute. Le matin, c'est celui-ci ; l'après-midi, celui-là. Le soir, c'est un troisième. Tous les hommes connus de la droite passent en vingt-quatre heures à travers le ministère, comme les clowns à travers les cercles de papier.

Le télégraphe nous transmet continuellement des dépêches de ce genre :

7 heures. — Le ministère est constitué.

8 h. — Le ministère n'existe plus.

9 h. — Le ministère est reconstitué, etc., etc.

C'est très-commode quand on veut savoir au juste à quel moment on est de la journée. Le futur ministère change toutes les trente minutes, à partir de six heures du matin. On n'a qu'à compter. C'est-à-dire que ce n'est plus un gouvernement que nous avons, c'est une horloge qui pourrait faire concurrence à celles de la forêt Noire.

Les habitués du jardin des Tuileries racontent que, chaque fois que le ministère change, une grande porte s'ouvre en haut du pavillon central, et l'on voit sortir de là un petit oiseau blanc qui lève la queue et qui crie :

— Coucou!

Les Parisiens plaisantent de tout cela, et je les trouve injustes envers leur pauvre gouvernement. Ce gouvernement est à plaindre, et, pour ma part, je déclare que je le plains. Il se donne du mal, beaucoup de mal; il tàche d'arranger les choses; il n'y réussit point, et je ne puis me défendre d'un sentiment douloureux quand je le vois seul aux prises avec son petit casse-tête chinois. Hélas! où est le temps où il était si fier, si certain de lui-même, si pimpant? le temps où il affirmait que la Providence elle-même daignait conduire le char de l'État? Qu'elle l'ait conduit, je le veux bien. Probablement elle avait une course à faire. Mais il est bien évident, aujourd'hui, que, la course faite, elle a quitté sa voiture.

JUILLET

—

Maître Mathieu. — Un fait étrange s'est passé dernièrement en police correctionnelle. Me Mathieu plaidait pour un des perturbateurs de juin. Il se trouve des gens qui ne craignent pas de prendre Me Mathieu pour défenseur. Ce choix seul témoigne de leur innocence profonde. Ce choix devrait suffire pour les faire acquitter.

Or voici quel argument a trouvé Me Mathieu pour défendre son client. Il a dit :

« Cet homme a vivement combattu l'élection de M. E. Pelletan, et il a contribué aux succès du candidat officiel. »

Quelle idée Me Mathieu se fait-il de la justice ? Croit-il donc, sincèrement, qu'elle est aux ordres du pouvoir? croit-il que, pour elle, tout ce qui vote pour le candidat officiel est innocent, coupable tout ce qui donne à l'opposition sa voix? croit-il la justice une servante du gouvernement? s'imagine-t-il qu'elle n'a ni fermeté ni conscience? Les anciens lui mettaient un bandeau sur les yeux ; trouve-t-il que le statuaire moderne devrait remplacer ce bandeau par un tricorne de sergent de ville?

Et c'est un ami du premier degré, un dévoué, un impérialiste enthousiaste, qui pense cela et qui dit cela! Et il le dit ingénument, naïvement, comme une chose toute simple et toute naturelle. Et il ne s'aperçoit pas de la monstruosité qu'il débite, et il croit avoir découvert un argument irréfutable !

Mᵉ Mathieu est né pour servir le second empire. Cela se voit tout de suite. Un accusé, selon lui, n'a de crime sur la conscience que selon le nom qu'il a mis sur son bulletin.

20 JUILLET

—

Démission de M. Rouher. — Je regrette
Bossuet. Non que Bossuet fût un homme agréable
en société, ni qu'il fût amusant en chaire, certes!
Mais lui seul aurait la majesté convenable pour
traiter le sujet qui nous occupe et prononcer
l'oraison funèbre du ministère d'État.

Le dernier ministre d'État est mort. Il est allé
rejoindre Persigny et Pinard dans ce purgatoire
officiel où errent les ministres dégommés en at-
tendant le dernier jour. Il est mort pour nous, et
c'est pour nous un devoir de jeter quelques fleurs
sur sa tombe.

Voilà pourquoi je regrette Bossuet.

Aigle de Meaux, où es-tu? A toi seul appartenait de louer l'aigle de Saint-Flour. La Brie seule pouvait consoler l'Auvergne. La patrie du fromage blanc devait tendre la main à la patrie des porteurs d'eau.

Il est mort. Nous ne le verrons plus. Il a passé. Rien ne restera de lui, ni un discours, ni un acte, ni une paix. Rien ne dira à l'étranger, curieux de contempler la tribune française : « Ici, Rouher parlait six heures durant, sans rien dire. » Et tandis que son souvenir s'effacera de l'esprit des hommes, la giroflée Segris et le chiendent Louvet croîtront en paix sur sa tombe. De Forcade La Roquette continuera de fleurir, doucement caressé par une brise impériale, et Magne étalera au soleil ses boutons écarlates et son feuillage multicolore.

Profonde indifférence de la nature !

L'herbe des champs, représentée par le club de la rue de l'Arcade, va verdoyer et épaissir comme autrefois ; M. de Tillancourt va continuer ses jeux de mots ; M. de Cassagnac ses interruptions ; M. Schneider agitera encore sa sonnette ; le chef de l'État écrira encore beaucoup de lettres ; M. Vuitry prononcera encore beaucoup de discours ; M. Genteur persistera à faire des fautes de français ; les choses reprendront leur cours régulier et

naturel et aucune voix ne s'élèvera pour rappeler à
la France le ministre d'État qu'elle a perdu et qui
nommait Genève « la cité des lacs ! »

Il est mort tout entier. Le jour où il a perdu sa
place, il a tout perdu. Il nous semble, maintenant,
aussi enterré, aussi effacé, aussi lointain que
maître Billault. Encore, pour nous souvenir de ce
dernier, avons-nous M. Busson-Billault, son gen-
dre. Et nous n'avons pas de Busson-Rouher. La
destinée, aussi cruelle que le pouvoir, lui a refusé
jusqu'à un Busson.

Que va devenir l'empire sans ce ministre d'État?
Car il le représentait et le personnifiait d'une manière incomparable. Il suivait pas à pas toutes les
variations de la politique impériale. Il en était le
thermomètre, il en était le capucin hygrométrique.
Il s'agitait ou demeurait impassible, selon que les
hautes régions gouvernementales se refroidissaient
ou s'échauffaient pour la liberté; et les peuples
prosternés se disaient entre eux :

— Voilà Rouher qui ôte son capuchon. Il va
faire beau temps.

Un jour il disait oui, et le lendemain il disait
non. Il n'avait pas de politique arrêtée. Il était
libéral le matin; autoritaire dans l'après-midi;
révolutionnaire le soir, et impérialiste en se met-

tant au lit. Peu lui importait. Il sauvait l'ordre, la société, l'empire, la religion — et sa place.

C'était une des habitudes de ce travailleur infatigable. Il se levait à cinq heures ; il écrivait. Entre midi et six heures, il sauvait l'ordre. A dix heures, il allait se coucher.

Et maintenant il n'est plus !

Et maintenant, qui trouverez-vous pour le remplacer?

La politique du gouvernement ne changeant point, c'est-à-dire changeant tous les jours, où trouverez-vous un homme qui daigne la défendre ou qui consente à la soutenir? Vous le trouverez, sans doute. Mais aura-t-il l'éloquence et la fougue de celui que vous perdez? Il vous faut un Rouher. Vous êtes condamnés au Rouher à perpétuité. Mais vous n'aurez plus qu'un Rouher de seconde catégorie ; un Rouher sans talent et sans autorité. Un Rouher de la boutique à treize sous !

Si j'étais un des fidèles de la droite, je me sentirais affligé profondément. Le départ du ministre d'État est un malheur pour l'empire. Les autres ministres auront peut-être des idées à eux, et quand les ministres ont des idées à eux, chacun sait que tout est perdu. Un ministre qui a une idée quelconque ne peut pas vivre sous ce régime.

Il est flambé d'avance. Et c'est pourquoi les beaux jours de l'Arcadie sont passés.

Oui, ils sont passés ces beaux jours où, quand le ministre d'État montait à la tribune, on croyait voir un astre se lever dans le ciel. Tout, aussitôt, changeait d'aspect. Tout se transformait autour de nous, et la vérité, un moment obscurcie, resplendissait à tous les yeux. L'expédition du Mexique n'avait eu que des suites heureuses; Maximilien n'était point mort; il régnait sur un peuple enthousiasmé; il faisait fusiller Juarez. Les Autrichiens avaient gagné la bataille de Sadowa; M. de Bismark, joué par Napoléon III, devait nous céder le Luxembourg, et les traités de commerce enrichissaient la France entière. Que dis-je! L'orateur qui transformait l'histoire, transformait aussi la nature. Quand il parlait, les moissons devenaient abondantes, la vigne n'était plus malade, et nous croyions voir, au loin, tout en l'écoutant, pousser les blés, jaunir les melons et s'allonger incommensurablement les carottes.

26 JUILLET

—

Le prince Napoléon. — La presse étrangère et la presse française se préoccupent beaucoup en ce moment de l'attitude du prince Napoléon. L'attitude du prince Napoléon consiste à ne pas avoir d'attitude. Le prince ne fait rien. Son secrétaire le constate. Et le peuple, qui le connaît, demeure plongé dans une profonde surprise.

— C'est étonnant ! tout va mal, et, cependant, le prince ne se mêle de rien !

Le prince a du génie ; du moins ses confidents l'assurent. Je ne demande pas mieux que de le croire. D'abord, quand on fait partie de la famille impériale, on est obligé d'avoir du génie, de même qu'on est obligé de porter un chapeau à trois cornes, un costume de général et le cordon de la Légion d'honneur. Le génie fait partie de l'uniforme.

Le prince a trouvé son génie dans la garde-robe de son oncle. Il y a même trouvé plusieurs génies : le génie de la guerre, le génie de la diplomatie, le génie de l'industrie et le génie de la colonisation, etc., etc. On l'a bien vu. Il a un génie pour sortir ; un génie négligé pour le matin, un génie à revers de soie pour bal et grandes réceptions, et, j'imagine, un génie imperméable pour les jours de pluie.

Je reconnais tout cela. Mais ce qui m'étonne et ce qui m'afflige, c'est de voir que ce génie n'est point employé et qu'on le laisse dormir dans son coin. On ne veut pas se servir du prince. Il est devenu, par la faute du gouvernement, la cinquième roue de la dynastie.

Ah ! tenez, cela est décourageant ! il est affreux de voir une intelligence supérieure oubliée, mise à l'écart, méconnue ! Quelle destinée ! avoir du génie et n'en rien faire ! S'être promené dix-huit ans, à travers l'empire, avec un génie inutile sous le bras, comme un parapluie un jour de soleil ! Malheureux prince ! à quoi vous sert d'avoir foudroyé Sébastopol, d'avoir gagné la bataille de Solferino, d'avoir réorganisé l'Algérie, d'avoir donné à l'industrie française une si vigoureuse et si puissante impulsion? On ne demande même pas de conseils à votre altesse. Mais, que votre altesse se rassure, l'histoire lui tiendra compte de sa conduite. Elle dira : « Le prince n'a rien fait. »

Et ce mot seul suffira pour démontrer votre supériorité sur ceux qui ont fait quelque chose.

31 JUILLET

—

Le sénat et M. Dupin. — On nous annonce une nouvelle inquiétante. Le sénat, d'après les feuilles officielles, serait pris d'une « fièvre libérale. » Il va falloir lui administrer de la quinine. La fièvre libérale se gagne donc? qui nous aurait dit qu'un jour nous verrions le sénat atteint d'une maladie contagieuse? J'espère que le traitement sera facile à suivre, même en séance.

Le plus libéral des sénateurs serait, aujourd'hui, M. Charles Dupin. « M. Charles Dupin a retrouvé les opinions de ses jeunes années, » nous dit-on. M. Charles Dupin les avait sans doute égarées, je ne sais où, — peut-être dans un fiacre. Un

honnête employé de M. Ducoux les lui a rappor-
tées intactes.

L'honorable sénateur va donc pouvoir replacer
dans son tiroir les opinions de rechange, dont il
avait été obligé de se servir en l'absence des bon-
nes. Pourvu qu'il ait la précaution de les serrer
bien soigneusement entre ses chemises et ses gi-
lets de flanelle, non loin d'un morceau de cam-
phre qui les préservera des vers. Elles pourront
lui servir un jour.

Plusieurs personnes, vivantes encore, ont connu M. Dupin libéral. Nous, nous l'avons connu
autoritaire. Personne ne l'a connu éloquent. Je
ne serais pas fâché de le voir revenir à ses idées
d'autrefois, pour savoir si le libéralisme l'empê-
chera d'écorcher la syntaxe et de mettre en pièces
la grammaire. M. Ch. Dupin est, comme on sait,
l'orateur le plus somnifère qui soit au monde.
C'est au point que ses collègues profitent, dit-on,
de ses harangues pour se faire arracher des
dents sans douleur. S'il prend la défense des
idées libérales, c'est évidemment pour leur faire
du tort.

Peut-être y a-t-il là dessous une machination
du gouvernement. Le gouvernement, qui est ha-
bile — (pas souvent) — se sera dit :

— Je m'en vais laisser M. Ch. Dupin défendre les idées libérales. Et elles seront « coulées » pour toujours.

Méfiez-vous, hommes du centre gauche! La lutte est terrible. Vos efforts ne résisteront pas à la parole de M. Dupin. Je vous signale le danger.

L'honorable sénateur ne paraît pas avoir conscience du rôle important qu'il va jouer. C'est le papillon du sénat. Il prend les opinions pour des fleurs. Et il butine, et il va de l'une à l'autre, et il caresse celle-ci, et il pompe le suc de celle-là, toujours volage, toujours léger, — mais jamais brillant.

— Arrête-toi un instant, lépidoptère! Où fuis-tu? Quel vent t'emporte? Hélas! le parti qui voudra t'avoir à lui, — s'il en est un ! — devra se mettre en chasse, comme les naturalistes, avec un filet vert et une petite boite de fer blanc. Et peut-être ne trouvera-t-il d'autre moyen de te fixer que de te piquer sur un bouchon.

---

2 AOUT

—

Fénelon et le régime actuel. — La *Patrie* prétend que nous avons un moyen très-simple et peu dangereux de discuter l'Empire et même la Constitution. Ce moyen, c'est d'écrire des livres dans le genre de Télémaque. J'y avais déjà songé. Il me semble qu'il serait d'un bon effet de voir un livre intitulé, par exemple :

« De la Constitution de 1852, de son origine, de ses conséquences, » et commençant par cette phrase :

« Calypso ne pouvait se consoler du départ d'Ulysse... »

La critique serait discrète, voilée, honnête, telle que la *Patrie* la pourrait souhaiter. Elle gènerait moins les journaux du gouvernement qui répondraient, alors, sans paraître commettre trop de bévues. Tout le monde, d'ailleurs, comprendrait l'apologue.

Le chef de l'État paraîtrait dans ce volume sous le nom de Télémaque. Et il ne serait pas même nécessaire, pour le faire reconnaître, de l'appeler : Télémaque III. La nymphe Eucharis, dont Télémaque a tant de peine à se séparer, désignerait évidemment M. Rouher. L'île de Calypso, que le fils d'Ulysse quitte à regret, serait l'image de la Constitution de 1852. Dans Calypso elle-même, « belle autant que les déesses, » le public verrait tout de suite M. Jérôme David. Quand, enfin, Mentor flanque Télémaque à l'eau, tout le monde devinerait que M. Buffet vient d'arracher au chef de l'État des réformes libérales.

Le personnage de Mentor exercerait notre sagacité. Mentor ne pouvait pas toujours représenter M. Buffet. Or en quel ami du pouvoir peut-on raisonnablement dire que s'est incarné la sagesse éternelle? A la fin de l'ouvrage, le lecteur apprendrait que c'est M. Calvet-Rogniat ou M. Pinard qui est Minerve ; et le lecteur serait, comme on dit, « épaté. »

Ah! il faut au gouvernement un Fénelon pour

adversaire ! Le gouvernement n'est pas gêné. Et vous croyez naïvement que Fénelon se donnerait la peine d'écrire un chef-d'œuvre pour réfuter les théories de M. le duc de Chamarande et les articles de M. de la Guéronnière? vous croyez qu'il prendrait au sérieux vos écrits, vos actes et le reste ? Fénelon s'est donné la peine de parler politique, parce qu'il avait affaire à une grande monarchie, à de grands ministres et à un grand roi. S'il revenait aujourd'hui au monde, vous lui demanderiez un *Télémaque?* Peut-être, lui, vous demanderait-il un Louis XIV.

6 AOUT

Nos libertés et l'empire libéral. — Comme tout est changé depuis que nous avons l'empire libéral! comme tout se transforme! comme nous sommes heureux! On nous comble de bienfaits. Que dis-je? on nous en accable. Le peuple étonné compte joyeusement ses libertés reconquises comme le journaliste compte les pièces de vingt francs qu'il a touchées à la fin du mois.

Qu'elles sont précieuses, ces libertés! qu'elles sont belles! comme il fera bon d'en user! Il les faut énumérer une à une. Nous saurons mieux de quoi se compose notre trésor.

En première ligne, il faut placer la liberté que possède l'empereur de renvoyer « aux bureaux un ordre du jour motivé, » si par hasard il lui déplaît.

En second lieu, la liberté qu'a l'empereur de choisir ses ministres en dehors des chambres, de les renvoyer quand il en a envie, et de les reprendre quand il trouve cela amusant.

En troisième lieu, la liberté qu'a l'empereur de proroger le Corps législatif toutes les fois que le Corps législatif devient gênant.

Enfin la liberté qu'a encore l'empereur de faire empêcher la promulgation des lois par le sénat.

Or notez bien que toutes ces libertés n'entravent point celles dont nous jouissons déjà. Nous gardons :

La liberté qu'a l'empereur de déclarer la guerre et de faire la paix ;

La liberté qu'a l'empereur de conclure des traités d'alliance et de commerce ;

La liberté qu'a l'empereur de nommer à tous les emplois, etc., etc.

Toutes ces libertés sont à nous, cela n'est point contestable. Seulement, nous en sommes les nu-propriétaires. Le chef de l'État est usufruitier.

Je ne veux point nier que le peuple n'ait aussi ses libertés. M. Rouher vous soutiendra même qu'elles sont aussi importantes, aussi capitales que celle du souverain. Je le lui accorde. Il me semble cependant que, si j'étais à la place du peuple, je dirais au chef de l'État :

— Changeons. Je vous donnerai tous mes droits et vous me donnerez tous les vôtres. Puisqu'ils sont d'importance égale, que vous importe ? Donnez-moi le pouvoir de déclarer la guerre et de conclure la paix ; de nommer moi-même les maires ; de m'allier à qui me plaît, et je vous accorderai en échange la liberté la plus précieuse, la seule que vcus m'ayez octroyée sans restrictions : la liberté de la boulangerie.

Oui, sire, vous pourrez fabriquer des petits pains viennois à toute heure du jour et de la nuit ; vous pourrez vendre des pains de quatre livres qui n'en pèseront que deux ; vous aurez toute autorité sur la pâte, et je m'engage même à ne plus vous envoyer d' « irréconciliables » à la chambre, quand vous aurez confectionné par trop de brioches.

11 AOUT

—

Napoléon Ier et le centenaire. — On se
prépare, le 15 août, à célébrer le centenaire de
Napoléon Ier. Les journaux se préoccupent de savoir ce que l'administration des fêtes publiques
fera pour le grand empereur, ce que le chef de
l'État fera pour son oncle. Nous aurons deux Napoléon à fêter. Or notre excellent confrère, M. Feyr-
net, nous apprend ceci : La fête du 15 août 1869
sera exactement semblable aux fêtes deux années
précédentes. C'est la part de Napoléon III. Il y
aura de plus, seulement, une représentation gra-
tuite au Théâtre-Déjazet. C'est la part de Napoléon Ier.

Pour célébrer l'expédition du Mexique, les

traités de commerce, la bataille de Sadowa : — les feux d'artifice, les joûtes sur l'eau, les illuminations, les distributions de pain, les théâtres en plein vent, les saltimbanques, les mâts de cocagne. Pour Arcole, Marengo, Iéna, Austerlitz, Champaubert, Montmirail ; — Eugène Déjazet.

Le grand empereur doit tressaillir de joie dans sa tombe !

Il y a cent ans qu'il est venu au monde. La France célèbre cet heureux anniversaire ! La France n'a rien oublié ! La France se souvient ! La France lui envoie une stalle pour Déjazet ! — Lui qui croyait n'aller qu'à Guignol !

Quelle fête là-haut, aux Champs-Élysées ! Ils se lèvent tous, les vieux soldats de l'empire ; ils sortent de leurs sépulcres pour célébrer le centenaire. Ils viennent, drapeau en tête, tambour battant, en foule, pressés, nombreux, frissonnants, fantômes de l'armée d'Égypte, et de l'armée d'Espagne, et de l'armée d'Italie !

> C'est la grande revue
> Qu'à l'heure de minuit
> Passe l'empereur décédé.

Des larmes de joie germent dans leurs yeux

vides ; ils brandissent de vieilles armes ; les sabres rendent un bruit sec en frappant leurs jambes de squelettes. Ils accourent ; ils se rangent comme autrefois aux jours de bataille ; ils saluent leur maître ; un cri vague s'échappe de toutes ces poitrines vidées par la mort.

Le maître paraît.

Les tambours battent aux champs ; les aigles s'inclinent ; les fanfares résonnent, et lui, passe sur son cheval blanc, enveloppé d'un rayon de la lune.

Mais tout à coup le cheval s'arrête. L'empereur lève les regards vers le ciel. Pour la première fois, les soldats le voient ému.

— Enfants, dit le fantôme, ni la France ni ma famille ne m'ont oublié. Nous irons tous ce soir à Déjazet !

Allez, sire !... Vous ne savez pas ce qui vous attend !... Vous ne connaissez pas cette petite « boîte. » Vos malheurs ne sont pas finis. On a compris que, pour vous rendre intéressant, il vous fallait le martyre. Désormais, votre calvaire aura trois stations :

Waterloo ! Sainte-Hélène !... Déjazet !

12 AOUT

—

Apparition de Bourbeau.—Qu'un ministre de l'instruction publique ne soit pas orateur, cela se comprend. Mais qu'il massacre la grammaire et qu'il fasse des pieds de nez à la logique, voilà qui m'étonne. C'est cependant le cas de M. Bourbeau. Jamais discours plus vide, plus banal, plus amphigourique et plus plat que le sien n'a été prononcé par un grand de la terre. C'est un amas de phrases incohérentes et majestueuses, une pluie de lieux communs, une sorte de sauce académique où des tronçons de pensées vagues, épars, s'empêtrent comme dans de la glu. Quand on lit cette élucubration, on s'imagine être tombé dans un plat de macaroni.

Il y a cette différence entre M. Bourbeau et

M. Duruy. Les discours de M. Duruy étaient nuls, mais ils étaient clairs. Ceux de M. Bourbeau sont obscurs, mais ils sont nuls.

M. Vandal et le prince Napoléon assistaient au début de M. Bourbeau. Le ministre les a accueillis « avec le respect que lui avaient inspiré, *déjà,* l'éclat de leurs services (le service des postes !...) et l'illustration de leurs noms Vandal ! *avant* le jour où il devait être appelé à l'honneur de se voir entouré de leur glorieux cortége. »

Jusque-là le *styliste* avait parlé seul. Le philosophe a eu son tour. Voici quelques-unes de ses pensées.

PENSÉES DE M. BOURBEAU.

(Pour faire suite à celle d'un paveur en chambre.)

—

I

« L'éducation donne aux nations les sources de la puissance morale. Le pays les élargit. »

II

L'homme veut revivre dans un successeur.

III

Nos enfants ne seront pas au-dessous de la tâche (?).

IV

L'instruction primaire va chercher des élèves (où ça?) afin de réaliser un vœu de l'empereur.

V

La gratuité de l'enseignement se propage dans les campagnes sous l'influence qu'exerce une idée généreuse.

Le discours ne contient pas d'autres pensées. Celles-là suffisent, d'ailleurs, il me semble, pour assurer à M. Bourbeau une place honorable entre Larochefoucauld et le *Tintamarre*.

M. Bourbeau fait, en passant, l'éloge de M. Duruy. Il a eu l'air de dire que l'Université regretterait ce grand homme. M. Bourbeau est modeste. Peut-être bien a-t-il raison. Le gouvernement n'a pas de chance avec ses ministres. Tant qu'ils sont en place, nous les trouvons nuls, ignorants, incapables, etc., etc. Il faut, pour les apprécier, voir à l'œuvre leurs successeurs.

15 AOUT

—

Un projet de Cantate. — Disette de cantates. Nous sommes bien malheureux, cette année. La récolte de poésie que nous comptions faire le 15 août a séché sur tige. Les cantates n'ont point poussé. On est obligé de se servir des cantates de l'année dernière. Horreur!... de vieilles cantates!... des *conserves!*

Qu'ont donc nos poètes? d'où vient que votre luth est muet, ô Liégeard? d'où vient, ô Belmontet, que tu ne tournes plus ta serinette? n'avez-vous plus rien à chanter? l'empire libéral n'est-il pas digne de votre muse? le sol du Parnasse s'est-il donc tant appauvri que les dithyrambes n'y puissent plus croître? faut-il, ô Belmontet! vous en-

tourer d'un peu de paillis? devons nous, ô Liégeard!
enfoncer vos pieds dans le *guano?*

Vous voilà muets comme des poissons ou des
élèves de l'abbé de l'Épée. Ah! poètes! le pays
ne s'en plaint pas, certainement. Mais, moi, je
m'en plains. Quel sujet admirable vous perdez, et
qu'il était digne de vos inspirations! Résumer en
quelques strophes tous les bienfaits du second empire, énumérer ce qu'il a fait pour le bonheur du
peuple, saluer ses jeunes gloires, montrer le soleil de Bourbeau qui se lève en face du soleil de
Pinard qui se couche, n'était-ce donc rien? Et
vous pouviez mettre tout cela sur l'air de *Cadet
Roussel!*

Ah! poètes!... vous êtes coupables.

A votre place, j'aurais essayé de composer un
hymne qui, plus tard, serait devenu national. Un
hymne magnifique qu'auraient chanté, groupés
autour du buste du chef de l'État, les représentants du peuple, les vieillards, les jeunes gens et
les vierges. Une *Marseillaise* impériale. C'est un
canevas que je vous offre. Soit! Couvrez-le des
broderies admirables de votre style. Chantez! il
en est temps encore! Poètes et orateurs, vous avez

un double avantage. Quand vous prenez la parole, c'est comme si vous chantiez. Chantez ! ce sera comme si vous preniez la parole.

—

CANTATE

CHŒUR DES GUERRIERS.

(Les guerriers tiennent des palmes. Ils se groupent sur le devant de la scène.)

Nous avons perdu nos jambes au Mexique et nos bras en Cochinchine. Nous avons reçu des coups dans la tête ; nous en avons reçu dans la poitrine ; nous en avons reçu dans le ventre. Nous avons eu la fièvre et la dyssenterie. Nous avons souffert tout cela pour fonder une colonie qui tombe en ruine ; pour faire régner un empereur qui est aujourd'hui mangé aux vers.

Quand nous sommes revenus dans nos foyers, nous avons trouvé notre père mort, notre sœur à l'hôpital, et notre douce fiancée était mère de quatre enfants.

Béni soit Dieu qui nous a permis de vivre sous l'empire !

CHŒUR DES INDUSTRIELS.

Nous étions heureux. Nous étions tranquilles. Nous travaillions paisiblement à notre fortune. Les traités de commerce nous ont ruinés. Maintenant, nous songeons à nous établir sur le pont des Arts et à solliciter des places d' « aveugles. » M. Rouher nous a laissé de quoi acheter des caniches.

Béni soit Dieu qui nous a permis de vivre sous l'empire !

CHŒUR DES CONTRIBUABLES.

Les impôts augmentent. Les vivres augmentent. Les loyers augmentent. Un jour viendra où l'homme qui n'aura que soixante mille livres de rente, sera, pour vivre, obligé de chanter dans les cours.

Les octrois nous ruinent ; les contributions nous ruinent. L'entretien de l'armée nous ruine, et M. le ministre de l'instruction publique n'est pas assez riche pour apprendre à lire à nos enfants. On nous dit, en manière de consolation, que le maréchal Vaillant est très-bien payé.

Béni soit Dieu qui nous a permis de vivre sous l'empire !

CHŒUR DES REPRÉSENTANTS DU PEUPLE.

Nous pouvons nommer notre président. Nous pouvons nommer nos vice-présidents. Nous pouvons fabriquer des lois. Mais, si les lois déplaisent, le sénat dira : Véto. Mais, si nous devenons gênants, on nous mettra à la porte. C'est nous qui représentons la nation française.

Béni soit Dieu qui nous a permis de vivre sous l'empire !

CHŒUR DES ENFANTS.

Nous entrerons dans la carrière, lorsque Duruy n'y sera plus. Nous y trouverons Bourbeau. Bourbeau défera ce qu'a fait Duruy, puis il en viendra un autre qui défera ce qu'aura fait Bourbeau. Et nous n'apprendrons pas à lire, parce que l'enseignement ne sera pas gratuit ; et nos pères ne nous enverront pas à l'école, parce que l'enseignement ne sera pas obligatoire. Et nous deviendrons de petits crétins, et plus tard nous donnerons notre voix au candidat officiel.

Béni soit Dieu, qui nous a permis de vivre sous l'empire !

CHŒUR DES ÉLECTEURS.

Nous ne pouvons pas choisir nos maires. Nous ne pouvons pas choisir les présidents de nos conseils généraux. Les maires nous tiennent dans leurs mains et font de nous ce qu'ils veulent. Nous n'osons pas leur déplaire. Nous votons avec le gouvernement. Nous avons perdu toutes nos libertés et tous nos droits. Mais nos préfets sont décorés ; nos maires se frottent les mains et nos gardes-champêtres sont représentés à la chambre.

Béni soit Dieu qui nous a permis de vivre sous l'empire !

Après ces chants, on pourrait faire entrer sur la scène quelques personnages symboliques. Et d'abord, une figurante coiffée d'un casque, ayant un sabre à la ceinture, un fusil sous le bras, un canon en bandouillère et quelques pistolets dans le dos. Tout le monde reconnaîtrait la Paix, — légèrement armée, — dont nous jouissons.

LA PAIX.

Sacrebleu!... Mille millions de cartouches!...

Ah ! tonnerre !... nom de nom !... sacre... qu'est-
ce que j'ai fait de ma mitrailleuse ?

Ces quelques mots, prononcés d'une voix douce
attireraient le chœur des *Fausses nouvelles*. Il serait suivi par le chœur des *Procès de presse*.

Le chœur des *Emprunts* entrerait de l'autre
côté. (*Ballet*.)

Tout le monde se réunirait ensuite pour demander la liberté individuelle, qui n'aurait point
encore paru.

Le régisseur viendrait annoncer qu'elle est à
Mazas.

On demanderait la liberté de la presse.

Elle arriverait sous les traits de Sainte-Pélagie.

Béni soit Dieu, qui nous a permis de vivre sous
l'empire !

———

17 AOUT

—

Le serment. — M. Troplong. — Je veux soumettre à mes lecteurs un « cas de conscience. » Nos représentants au Corps législatif ont prêté, dernièrement, un serment solennel. Ce serment était conçu en ces termes :

« Je jure fidélité à l'empereur et obéissance à la Constitution. »

La Constitution dont il s'agissait était la Constitution de 1852. Or, d'après les journaux officieux eux-mêmes, la Constitution de 1852 vient d'être remaniée, modifiée dans ses dispositions principales. En un mot, elle n'existe plus. Je me demande comment, pour tenir leur serment, nos députés vont s'y prendre.

On dit : La Constitution était perfectible. Les

députés se trouvaient prévenus de ce qui allait arriver. Soit ! Je ferai remarquer cependant qu'avec ce mot « perfectible, » on peut aller loin. Voici un député. A quatre heures du soir, il jure d'obéir à une Constitution autoritaire. Il va dîner. Entre la poire et le fromage, la Constitution se perfectionne au point de devenir républicaine et *démoc-soc.* Lui doit-il toujours obéissance? et, s'il lui doit encore obéissance, que signifie son serment de quatre heures du soir?

« Je jure obéissance à la Constitution » est donc une phrase vague et qui pourrait se traduire par cette autre phrase, plus claire, plus juste et plus vraie :

« Je jure d'obéir à la Constitution tant qu'elle durera, et de lui désobéir aussitôt qu'on en fera une autre. »

Autre chose. Un sénatus-consulte change la Constitution de 1852. Les députés, qui ont juré obéissance à cette Constitution se voient obligés de lui désobéir. Bien. Qu'on me permette une hypothèse. Les députés ont juré fidélité à l'empereur. Je suppose que le peuple se révolte, chasse l'empereur et sa dynastie. Si les députés ont dû désobéir à une Constitution à laquelle ils avaient juré obéissance, parce que le sénat l'a trouvée « mauvaise, » est-il admissible que ces mêmes députés soient tenus de rester fidèles à un prince qui aura été trouvé « mauvais » par le peuple ?

Et, s'ils ne sont pas tenus de lui rester fidèles, que signifie le serment :

Je jure fidélité à l'empereur ?

Doit-on traduire ce serment comme nous avons traduit l'autre :

Je jure de rester fidèle à l'empereur tant qu'il sera sur le trône, et de lui être infidèle quand il n'y sera plus?

Dès lors, à quoi bon un serment?

On n'a, jusqu'à ce jour, trouvé qu'une seule formule de serment qui fût claire, nette, précise, et qui voulût dire quelque chose. C'est celle-ci :

« Je jure de rester fidèle à la République et de remplir tous les devoirs que m'impose la Constitution. »

Et c'est encore le seul serment qui ait été violé.

On a pris sur les fonds destinés à encourager les artistes l'argent nécessaire pour enterrer M. Troplong : vingt-huit mille francs. M. Troplong ne pouvait pas être enterré à moins. L'enterrement du président du sénat coûte vingt-huit mille francs. C'est un prix fixe comme celui des brioches. Si l'on n'écoutait que son patriotisme, on serait tenter de rééditer le mot d'Alexandre Dumas : Donnons cinquante-six mille francs et qu'on enterre aussi le président Rouher.

Il est vrai que, si l'on réfléchit, ce prix de vingt-huit mille francs ne paraît plus exagéré. Moyennant vingt-huit mille francs, — une fois donnés, — nous n'entendons plus les oraisons funèbres que prononçait, tous les ans, l'homme éminent qui dirigeait le sénat. Nous ne sommes plus exposés à rencontrer dans nos promenades le principal auteur de la Constitution de 1852. Nous sommes certains, maintenant, qu'il ne peut plus être utile à personne, que personne ne s'avisera plus de l'appeler « esprit supérieur » ou « génie éclatant. » C'est pour rien.

Vivant, M. le président Troplong coûtait à la France trois cent mille francs par an. Cela représente un capital de six millions. Mort, M. le président Troplong coûte vingt-huit mille francs en tout et pour tout. Les contribuables avaient·tout bénéfice à le faire enterrer.

La famille de M. Troplong ne pouvait point se charger de ses obsèques. L'État devait y pourvoir. Dans ces occasions-là, le peuple paie. N'a-t-il pas joui, pendant vingt ans, ce peuple, de l'éloquence de M. Troplong, de l'œuvre politique de M. Troplong? C'est à lui de rendre à M. Troplong les derniers devoirs. Et il vient sur le passage du catafalque, et il regarde si on lui en donne pour son argent. Il compte les plumets, et les écussons, et les broderies, et les chevaux, et les crêpes, et les dorures; il contemple les généraux à cheval, les juges en robes rouges et en robes violettes; les sénateurs, les conseillers d'État, les députés, les soldats, et devant le corbillard chamarré, il a dit avec un juste sentiment d'orgueil:

— C'est moi qui régale!

19 AOUT

—

L'Amnistie. — Ah! décidément, le gouvernement fait grand! Il n'y a pas à en douter. Je ne dis pas cela parce qu'il a obligé deux de mes confrères et moi à passer onze heures trois quarts à Sainte-Pélagie. Nous n'avons été condamnés qu'à attraper des puces.

C'est déjà grand.

Mais le gouvernement a pardonné aux auteurs de cet horrible complot qui menaçait la sûreté de l'État. Était-il assez odieux? Ses auteurs étaient-ils assez pervers? Quelle machination infernale! quelle conspiration odieuse! quelle infamie! Si seulement quelqu'un avait pu savoir en quoi elle consistait, il en aurait été indigné profondément.

Ah ! c'est grand ! c'est très-grand ! c'est énorme ! c'est gigantesque ! Enfermer des gens pendant soixante-sept jours sans leur dire pourquoi ; se garder de les interroger ; ne faire connaître à personne la cause de leur arrestation ; et peut-être ne pas la connaître soi-même ; dire ensuite à ces gens : Je vous pardonne ! Oui, je le reconnais, cela est grand comme les deux mondes. Cela, comme dit M. Duvernois, doit nous donner pleine et entière confiance dans le nouveau ministère.

Car on aurait pu les tenir à Mazas toute leur vie, ces gens qui ne savaient pas de quoi ils étaient coupables. On aurait même pu les envoyer à Cayenne. Ils le méritaient. On aurait pu les couper en quatre, en huit, en seize, en trente-deux ! Pourquoi pas ? Au lieu de cela, on leur pardonne. On leur pardonne d'ignorer leur crime ; on leur pardonne de s'être laissé arrêter ; on leur pardonne d'avoir passé deux mois dans une cellule ; on leur pardonne d'avoir été séparés de leurs amis, de leurs parents, de leurs affaires. Je dis, encore une fois, que les ministres ont fait « grand ! »

Admirable vertu que la clémence !... Elle descend du ciel, dans les moments difficiles, pour sauver les gens empêtrés. Elle apaise les haines, elle calme les passions, elle satisfait les peuples, elle conseille « la grandeur » aux ministres. Et, inspirés par elle, ils nous disent alors d'une voix douce, où l'accent de la bonté se mêle à l'accent du dédain :

— Nous vous pardonnons toutes nos bévues !

———

20 AOUT

—

L'Officiel et la fête du 15 août. — Après
tant d'agitation, le calme est un peu venu. Aucun
événement ne surgit à l'horizon; les députés se
reposent. Le chef de l'État se soigne, et le sénat
tàche de découvrir le sens caché du projet qui lui
est soumis.

S'il n'atteint pas son but, on est convenu d'envoyer l'œuvre de M. Chasseloup-Laubat à l'*Illustration*, qui la publierait à la place d'un de ses
rébus habituels. Un abonnement de trois mois ré-
compensera le lecteur qui en aura su trouver une
explication claire et satisfaisante.

Pourquoi, d'ailleurs, se presserait-on de « couronner l'édifice? » Le peuple nage dans la joie et ne demande rien. C'est, au moins, ce que le *Journal officiel* constatait hier en rendant compte de la fête du 15 août.

Que dis-je? Le peuple chérit son prince et il vient de lui donner une preuve incontestable et éclatante de son affection. C'est encore le *Journal officiel* qui l'affirme :

« La population de Paris a donné, dans cette belle journée, une nouvelle preuve de ses sentiments dévoués à l'empereur. »

Qu'a donc fait la population de Paris pendant cette belle « journée? » quel moyen a-t-elle découvert d'exprimer « ses sentiments dévoués? » J'ai vu la fête. J'ai vu cette population enthousiaste entrer dans la boutique de la femme à barbe; je l'ai vue applaudir le veau à deux têtes ; je l'ai vue se ruer sur les jambons variés qui encombraient l'esplanade des Invalides.

Mais, je l'avoue, pas une seule fois, la regardant tirer les poils soyeux qui ombragent le menton de ce sapeur du beau sexe; pas une seule fois, la regardant dévorer la charcuterie ; pas une seule fois, la regardant grimper au mât de cocagne, jouer aux macarons, gagner des lapins, mettre à la loterie, rire à Guignol, admirer les chiens savants ; pas une seule fois, la regardant tirer par la queue le veau à deux têtes, — je n'ai fait cette réflexion consolante :

Heureux peuple !... Comme il aime son prince !

Je sais bien que l'amour est ingénieux et qu'il se traduit de mille manières. Les poètes nous l'ont assez dit. Que penseraient les femmes cependant, si leurs amants exprimaient l'amour qui les possède à la façon du peuple de Paris ? que diraient-elles, si, au lieu de venir voir l'objet aimé, de se jeter à ses pieds, de soupirer à son oreille le : Je t'adore ! traditionnel, et d'aller ensuite beaucoup plus loin, un de leurs adorateurs se contentait d'entrer dans la baraque de la femme à barbe ?

Qu'aurait pensée Juliette si, à l'heure du rendez-vous, Roméo était allé tirer par la queue le veau à deux têtes ?

Le 15 août, l'anniversaire de Napoléon Ier, c'était le cas, ou jamais de se rassembler dans le jardin des Tuileries, d'acclamer le souverain, d'envoyer des baisers au prince impérial et de porter en triomphe le prince Napoléon. C'était le cas, ou jamais, de témoigner de l'enthousiasme, et de crier, et d'applaudir, C'était le cas de rivaliser avec Belmontet.

Eh bien ! non ! le peuple n'a pas crié, il n'est point allé aux Tuileries, il n'a pas porté le prince Napoléon en triomphe. Il s'est tout simplement répandu dans les baraques de la foire ; il a tout simplement dévoré une quantité incommensurable de saucisson.

Et, aujourd'hui, les philosophes sceptiques sont réduits à se demander s'il a mangé du saucisson parce qu'il aimait l'empereur, ou s'il a fêté l'empereur parce qu'il aimait le saucisson.

Peut-être, ensuite, cette population voyait-elle, dans tout ce qui l'entourait, des symboles. Le phoque qui parvient à dire : « Papa » lui représentait l'empire libéral ; la femme à barbe, le conseil des ministres ; les mâts de cocagne, les ministères ; la baraque aux lutteurs, le Corps législatif, et le veau à deux têtes, le gouvernement.

Quant aux saucissons, ils symbolisaient évidemment le budget. Je m'abstiens de dire ce que représentaient ceux qui étaient en train de les manger.

Ainsi, d'après l'*Officiel*, le vote de Paris est effacé. Il ne signifie plus rien. L'élection de Gambetta ne signifie rien, non plus que l'élection de Bancel, non plus que l'élection de Pelletan et de Jules Simon, et de Jules Favre, et de Picard, et de Garnier-Pagès, non plus que les quatorze mille voix de Rochefort et les treize mille voix de Raspail. Que sont ces hommes, que sont ces doctrines, comparés à cette charcuterie enthousiaste?

Elle seule exprime les vœux du peuple, elle seule traduit les nobles aspirations de la France. Démocrates, libéraux, républicains de toutes nuances, vous prêchez dans le désert. La voix du jambon est seule écoutée. C'est à tort que vous parlez de votre victoire. A peine essayez-vous de relever la tête, que toute cette charcuterie accourt frémissante, pour vous écraser et pour vous confondre. Elle fait, aux saines doctrines, un rempart de son corps; elle élève « une digue contre la Révolution. »

Vous prononcez le mot de « liberté, » et voilà les saucissons qui se dressent, les boudins qui surgissent, le porc salé qui frémit. Tremblez! car ce porc salé chérit nos institutions; ces boudins sont bonapartistes; ces saucissons défendent l'ordre, la propriété et la famille. Et tous, saucis-

sons, boudins, porc salé, jambons, fromage d'Italie, s'unissent pour crier à la France et au monde :
Vive l'empereur!

29 AOUT

—

Rapport de M. Devienne au sénat. — Les réformes. — Ce que j'ai toujours admiré dans les orateurs du second empire, c'est leur logique pressée, puissante, vigoureuse. M. le sénateur Devienne prononce son rapport devant le sénat. Il se croit obligé de faire l'éloge du régime que nous devons au 2 décembre. Ce régime, d'après M. Devienne, nous a donné le bonheur, la prospérité, la sécurité, la gloire. On n'en pouvait point imaginer de meilleur. C'était l'idéal. Et M. Devienne conclut immédiatement qu'il faut le changer de fond en comble et se hâter d'en trouver un autre.

M. Devienne pense, évidemment, que nous étions trop heureux. Nous ne méritions pas tant de bonheur. Les fusillades du boulevard Montmartre, le Mexique et la Cochinchine ; les grands désastres financiers et la ruine d'une foule innombrable d'actionnaires ; la durée du service militaire augmentée de deux ans ;. la création d'une garde mobile ; l'augmentation gigantesque du budget ; les finances obérées, et, par-dessus le marché, la famine en Algérie. Voilà, en effet, de quoi rendre un peuple bien content. S'il avait été possible de joindre à tout cela des inondations plus fréquentes, des incendies sagement réglementés, l'acclimatation du choléra et la dévastation régulière du territoire, notre bonheur aurait été complet. Il ne nous aurait rien manqué.

Malheureusement, le régime de 1852 ne pouvait point pourvoir à tous nos besoins. Les institutions humaines ne sauraient être parfaites, et la Providence n'a pas daigné « couronner l'édifice. »

C'est pourquoi, sans doute, M. Devienne pense qu'il est temps de changer de système.

Ah oui ! nous avons été bien heureux ! Pour moi, qui porte beaucoup d'intérêt à M. Devienne, j'aurais voulu qu'il fût heureux de cette façon ; je l'aurais voulu voir à la place du peuple français.

Je me le représente, le matin, dans sa chambre ; bien installé dans son fauteuil et comptant passer une journée tranquille. Son gouvernement chéri entre tout à coup sans frapper.

— Mon cher Devienne, dit-il, voilà mes ordres. Tu es pacifique de ta nature ; tu vas partir pour la guerre. L'empire, c'est la paix. Tu remettras Maximilien sur le trône avant de déjeuner. Tu te moques de Maximilien ? Moi aussi. Mais j'ai besoin de recouvrer la créance Jecker. A midi et demi, j'augmenterai tes impôts ; à une heure, tu iras en Cochinchine. Ce sera inutile, tu reviendras. A trois heures, je terminerai avec quelques traités de commerce. A cinq heures, tu apprendras le maniement du fusil à aiguille et tu demeureras le reste de ta vie sous les armes, parce que ton voisin du rez-de-chaussée aura gagné la bataille de Sadowa. Si tu parles, Sainte-Pélagie ; si tu penses, Mazas. Si tu résistes, Lambessa. Maintenant, comme toute peine mérite salaire, je te paierai avec des obligations mexicaines.

Je m'imagine la joie folle de M. Devienne.

Mais M. Devienne, qui n'a point passé par là, se contente de passer majestueusement aux sénateurs « le flambeau de la vie politique. » Il paraît que, dans les hautes régions on se passe le flam-

beau, comme dans des cercles plus modestes on se
passe une allumette. Petit bonhomme vit encore !
Je ne sais, d'ailleurs, en quoi consiste ledit flambeau, ni comment il éclaire, ni comment le por-
tent nos hommes d'État. J'avais cru jusqu'ici que
c'était nous qui tenions la chandelle.

———————

—

Napoléon IV. — La maladie du chef de l'État nous a fait réfléchir. Les fausses nouvelles répandues dans tout Paris nous ont donné à penser….. On ne se préoccupait guère, autrefois, de la mort du chef de l'État ; on s'en préoccupe, aujourd'hui. On cherche à deviner les accidents qu'elle entraînerait ; on s'inquiète ; le règne de Napoléon IV, qui apparaissait vaguement dans les brouillards de l'avenir, semble s'être subitement rapproché. Et que sera-t-il, ce règne ? Quel homme sera Napoléon IV ? Que devons-nous attendre de ce prince qui s'exerce à guider le char de l'État en conduisant un vélocipède ? Quelle a été son éducation ? Quelle idée se fait-il du monde où il doit vivre, de la société qui l'entoure et sur laquelle il régnera ? Quel maître nous promet sa jeunesse? Il est permis de se le demander. Le prince a un passé, déjà, et un passé glorieux. Il est grand-cordon de la Légion-d'Honneur ; il a été sacré « fort en thème » par M. Duruy. Il a conquis le grade de sous-lieutenant. Il peut même espérer, sans folie, de voir un jour le titre de chef de bataillon descendre en graine d'épinards sur son épaule.

L'éducation du jeune prince, nous sommes contraints de l'avouer, a été ce qu'elle devait être, une éducation forte, rude, énergique et tout à fait en rapport avec nos institutions libérales.

Le prince a éprouvé toutes les misères de la vie des camps. Un autre serait venu au monde colonel ou général. Lui, il est né simple soldat. Sa nourrice a été pendant huit mois son champ de bataille, et c'est en s'emparant du biberon Darbo, après une résistance vigoureuse, qu'il a conquis ses galons de caporal. La première bouillie lui a valu le grade de sergent. Pour arriver à être sous-lieutenant, il aura accompli quelque exploit encore ignoré, comme, par exemple, de passer sa première culotte.

Napoléon IV, évidemment, doit aujourd'hui se

rendre compte de toutes les souffrances et de tous les besoins des soldats. Il sait que tous ont passé par les mêmes épreuves que lui. Il félicite les lieutenants d'avoir supporté le sevrage sans broncher, et, quand on lui montre un vétéran qui, malgré sa bravoure, ne peut point arriver à passer caporal, il l'arrête, il lui pince le bout de l'oreille avec une familiarité toute napoléonienne ; il s'écrie, à l'instar de son grand oncle :

— Ah ! grognard !... tu ne veux donc pas quitter ta nourrice ?

Voilà l'idée qu'il se fait de l'armée. Il s'en fait une toute semblable du monde. Il s'est mêlé aux enfants des bourgeois et des ouvriers comme il s'est mêlé aux grenadiers de la garde. Il se rend compte aussi des souffrances et des espérances du peuple. Il se dit que, lorsque les pauvres ne sont pas sages, on les empêche de porter le grand cordon de la Légion-d'Honneur. Il pense que les ouvriers de la Ricamarie ont fait grève pour obtenir que le gouvernement leur donnât des confitures. Et, si un journal lui tombe par hasard sous les yeux, s'il y lit quelques lignes sur la situation douloureuse des gens qui ont prêté leur bourse à

Maximilien, il s'imagine que les porteurs d'obligations mexicaines ont été privés de dessert!

Les discours qu'on lui adresse le fortifient dans ces idées. On s'extasie déjà sur son génie précoce et sur son intelligence supérieure. Les inventeurs sollicitent son approbation ; on le prie d'examiner des bateaux-torpilles ; on demande son avis sur de nouveaux systèmes télégraphiques. Le maire de Toulon lui dit : « Vous êtes l'espoir et l'orgueil de la France! » Son orgueil, pauvre enfant! Le maire de Toulon suppose la France bien modeste.

Si le prince n'a pas mieux approfondi encore tous les grands problèmes qui nous préoccupent, il ne faut pas s'en prendre à lui : c'est la faute de ses professeurs ; mais il est dans la bonne voie. Continuez, prince ! travaillez encore ! C'est en supportant toutes les fatigues et tous les ennuis d'une éducation aussi rude que vous apprendrez l'art difficile de régner. Vous deviendrez un prince vraiment démocratique et tel que notre époque de progrès peut en désirer un ; vous serez mieux qu'un prince : vous serez un homme ; vous connaîtrez toutes les grandes questions sociales, politiques et économiques de notre temps, et vous pourrez les résoudre ; vous gouvernerez une société au milieu de laquelle vous pourriez vivre simple citoyen ; vous deviendrez un diplomate de premier ordre, un philosophe, un écrivain, un homme pratique. Nous vous verrons sans inquiétude monter sur le trône des pères d'Henri V.

Continuez donc à passer des revues, à examiner des machines, à écouter des discours et à faire baiser vos petites mains par les sénateurs. Je me sens prêt à m'écrier avec le poète :

Macte animo, generose puer, sic itur ad astra !

Ou, si vous l'aimez mieux, si vos études ne vous ont point encore permis de comprendre ces mots, si vous préférez, enfin, la langue de Bossuet à celle de Virgile :

Courage, enfant de France ! C'est ainsi que, comme votre auguste père, vous vous rendrez digne de commander un jour l'artillerie suisse !